1366

AV ROY.

ODE.

ILLVSTRES sources de la gloire,
Enchanteresses de nos sens,
Sçauantes filles de memoire,
Dont les attraits sont si puissãs,
Charme de mes ieunes années,
Belles Reynes des destinées,
Qui sauuez nos noms du trespas,
Pour offrir mon premier hommage
Au plus grand des Rois de nostre âge,
Parez-vous de tous vos appas.

A

O doctes & chastes pucelles,
Vous ne verrez point dans sa cour
Luire des flâmes criminelles
Sous le nom de celles d'amour,
Ses vertus en ont fait vn temple,
Et bien que l'on vous y contemple
Plaines de flâmes & d'attraits,
Vos beautez de tous adorées
N'y seront pas moins asseurées,
Que dans vos plus sombres forests.

Ne craignez pas qu'en la statuë
Où ie veux employer vos mains,
Mon esprit flateur prostituë
L'art qui change en Dieux les humains :
Depuis qu'en vos bois solitaires
Vous m'auez apris les mysteres
De vos agreables concers,
Ie n'ay sceu ny mentir ny feindre,
Et ie n'ay pris plaisir à peindre
Que la vertu dedans mes vers.

Voſtre art auroit le priuilege
D'abuſer la poſterité,
Et de donner au ſacrilege
Les couleurs de la pieté,
Ce qu'il defend nous paroiſt iuſte,
Et ce que nous diſons d'Auguſte
Neron l'euſt fait dire de ſoy,
Si dans des ouurages celebres,
Pour ſauuer ſon nom des tenebres,
Vous euſſiés trahy voſtre foy.

Mais vous n'eſtes point mercenaires,
Et celuy qui flate les Rois
De cent vertus imaginaires
N'a iamais reſué dans vos bois;
La ſuite d'vne illuſtre vie
Eſt le ſubiet qui vous conuie
A donner l'Immortalité,
Et deſcendant de vos montagnes
Vous prenez touſiours pour compagnes
Là Iuſtice & la Verité.

A ij

Quand pour le mal-heur de la terre,
On vit vn monstre furieux
De Henry ce foudre de guerre
Borner les ans victorieux,
Et que cét illustre Pilote
Au gré des vens laissa la flote
Qu'il auoit reconduite au port,
Qui n'eust dit que le parricide
Du coup qui blessa nostre Alcide
Auoit blessé la France a mort ?

Mais mon Roy fit bien-tost connoistre,
Par des triomphes inoüys,
Que le destin faisoit renaistre
Cent Alcides en vn LOVYS :
De sang, d'horreur, de funerailles,
Le triste Demon des batailles
Ne vint point desoler ces lieux ;
Sa puissance fut reuerée,
Et pour luy la diuine Astrée
Voulut bien reuenir des Cieux.

Tous les Rois ont vne couronne
Tous ne la sçauent pas porter,
Tous au pouuoir qu'elle leur donne
Ne sçauent pas bien resister,
Souuent leur grandeur les tourmente,
Le sceptre dans leur main tremblante
Est souuent vn pesant fardeau,
Les soucis qui suiuent l'Empire
Vn insupportable martyre,
Et le diadême vn bandeau.

LOVYS le miracle des Princes
Sçait l'art de bien faire le Roy,
Il est plus grand que les Prouinces
Que le Ciel soûmet à sa loy,
Il honore son diadême,
On le voit pareil à luy mesme
Dans la ioye & dans la douleur,
Et l'on peut dire que la France
Est moins vn droit de sa naissance
Qu'vn iuste prix de sa valeur.

Que deſſous vne loy ſeuere
Il ſçait bien ranger ſes deſirs,
Et que cét Empire eſt auſtere
Dont il gouuerne ſes plaiſirs,
La molle oyſiueté l'offence,
Il veille pour noſtre defence,
Il eſt ſenſible à nos mal-heurs,
Et ſuiuant les traces diuines,
Il choiſit pour luy les eſpines,
Et laiſſe à ſon peuple les fleurs.

Quand la Princeſſe d'Amathonte
Veut entrer dedans le Palais
De ce grand Roy qui pour ſa honte
Eſt inſenſible à ſes attraits,
Elle quitte au bord de la Seine
Le miroir qui la rend ſi vaine,
La vertu luit dans ſes regards,
Elle s'arme d'vne cuiraſſe,
Puis vient d'vne modeſte audace
Aborder noſtre ieune Mars.

*Alors que dans la fantaisie
D'vn peuple en sa foy chancelant,
L'aueugle & superbe Heresie
Ietta son venin violent,
Les Eumenides forcenées
De leurs torches empoisonnées
Vinrent les esprits enflammer,
Et Bellone plaine de rage,
Excita par tout vn orage
Que nos Rois ne pûrent calmer.*

*Dessus les riuages de Loire
On veit ce monstre audacieux
Attaquer sans crainte la gloire
De nos plus vaillans demy-Dieux;
En vain pour vanger leurs iniures
Leur bras luy fit mille blesseures
Dans les plaines de Moncontour;
Il en guerit dans la Rochelle,
Et de ceste ville rebelle
Il fit son azile & sa Cour.*

C'est-là que des pouuoirs suprêmes
Le saint respect estoit banny,
Qu'on faisoit gloire des blasphêmes,
Que le vice estoit impuny;
Alors qu'vne humeur belliqueuse
A quelque entreprise fameuse
Vouloit mener le Souuerain,
C'est de là que veirent nos peres
La Discorde aux crins de viperes
Sortir le flambeau dans la main.

Toy seul as sceu lancer la foudre,
Dont les efforts plus que mortels
Reduisant tous ses forts en poudre
Ont en fin vangé nos Autels,
L'Angleterre en paslit de crainte,
L'Espagne de douleur atteinte
Ne peut retenir ses regrets,
Et l'on veit la mesme conqueste
De lauriers couronner ta teste
Et ceindre leur front de Cyprez.

L'Ocean

L'Ocean & ſes Nereides
Ne pûrent ſans eſtonnement
Voir que leurs campagnes humides
Reſpectoient ton commandement,
Elles eurent bien le courage
De ſonger à rompre l'ouurage
Dont tu les voulois enchaiſner
Mais Neptune à ces temeraires
Qui te vouloient eſtre contraires,
Defendit de ſe mutiner.

Vieille nourrice de la guerre
Rochelle beny tous les iours
La main qui lança le tonnerre
Deſſus tes orgueilleuſes tours,
En te perdant on t'a ſauuée,
En tombant tu t'es eleuée,
Ta chaîne eſt ta felicité,
Et LOVYS qui te tient ſi chere,
N'euſt ſçeu mieux monſtrer ſa colere
Qu'en te laiſſant ta liberté.

B

Apres ce siege memorable
Il pouuoit auec ses guerriers
Gouster vn repos fauorable
A l'ombre de mille lauriers:
Mais en vne iuste querelle
Son front d'vne palme nouuelle
Ne tarda guere à se parer,
Lors que les Alpes estonnées
Contre de nouueaux Salmonées
Vinrent son secours implorer.

Suze fut bien tost emportée,
Il vint, il vid, il fut vainqueur,
L'Espagne autresfois indomptée
A son abord perdit le cœur,
En vain elle tendit des pieges
Dans le plus fameux de ses sieges
Pour repousser son trait fatal,
Ses flâmes furent estoufées,
Il fit tomber tous ses trofées
Quand il la chassa de Cazal.

L'Eridan crut lors que ſes riues
Par vn changement glorieux
Auroient l'honneur d'eſtre captiues
De ce Prince victorieux;
Milan iadis ſi redoutable
Vid de ſa perte ineuitable
Les triſtes preſages dans l'air,
Mais au lieu de le mettre en poudre,
Pour luy faire craindre la foudre,
Il ne luy fit voir que l'eclair.

Celuy que la terre & que l'onde
Autrefois ont tant redouté,
Qui n'auoit pas aſſez d'vn Monde
Pour contenter ſa vanité,
Alexandre par qui les Perſes
En tant de rencontres diuerſes,
Veirent abbatre leur orgueil,
Ne pouuant borner ſa conqueſte,
De ſon calme fit ſa tempeſte,
Et de ſon throſne ſon cercueil.

B ij

LOVYS ce Monarque inuincible
Qui sur l'vn & l'autre élement
Fait voir que tout nous est possible
Au bruit de son nom seulement,
Sçait par vn auantage extresme
S'imposer des loix à soy mesme
Dans sa plus ardente chaleur,
Et quelque dessein qui le flate,
Il veut que sa Iustice éclate
Deuant que montrer sa valeur.

Ceste Aigle en rapines fameuse
Ne vole plus insolemment
Aux bords du Rhin ny de la Meuse
Qu'elle a brauez si longuement,
Mon Prince luy couppa les aisles
Quand de ses atteintes cruelles
L'Alemagne pensoit mourir,
Et de ce coup on peut apprendre
Que s'il sçait bien l'art d'entreprendre,
Il sçait bien l'art de secourir.

Docte & genereuse Italie,
Ne crains plus la chaisne auiourd'huy,
Mon Prince à tes Princes s'allie,
Ils trouuent leur Sauueur en luy,
Pignerol maintenant t'asseure
Contre cét ennemy pariure
Dont tu sentois la cruauté,
C'est l'écueil de son arrogance,
C'est le tombeau de sa puissance,
Et l'autel de ta liberté.

Grand Roy que l'vniuers admire
Tu reçeus vn grand don des Cieux,
Lors qu'ils te donnerent l'Empire
Qu'auoient possedé tes Ayeux,
C'est vn grand present que le tiltre
D'Appuy, de Vangeur, & d'Arbitre,
Des Peuples & des Potentats;
Mais c'est vne grace plus rare
D'auoir auiourd'huy pour ton Phare
Vn RICHELIEV dans tes Estats.

Ce n'est pas te faire un outrage
Que de ioindre ton nom au sien,
Louer son genereux courage
Ce n'est pas obscurcir le tien,
On peut dire que ses espaules
T'aydent à soustenir les Gaules
Sans qu'on t'accuse d'estre las,
Rien n'est si lourd qu'un diadéme
Et nous sçauons que le Ciel mesme
Ne se peut passer d'un Atlas.

On ne peut luy porter enuie
Sans hair ta prosperité,
On ne peut condamner sa vie
Sans choquer ton authorité,
Faire un iniurieux meslange
De son blasme & de ta loüange
C'est noircir ton nom immortel,
Et par un execrable crime
Feindre d'offrir une victime
Au Dieu dont on brize l'autel.

Quelle ruze le peut surprendre?
Soubs quels maux est-il abbatu?
Que ne pourroit-il entreprendre?
Et que ne feroit sa vertu?
La France à ses soins secourables
Des maux qu'on iugeoit incurables
Doit-elle pas la guerison,
Et fait-il pas voir pour sa gloire,
Que la fortune & la victoire
Sont esclaues de la raison.

Quel autre au milieu de l'orage
Qu'excita le Demon du Nort
Eust sans faire vn honteux naufrage
Conduit son vaisseau dans le port;
Les vens auoient rompu ses voiles,
On ne voyoit dans les Estoiles
Que des presages mal-heureux,
Mais la mer d'ennemis couuerte
Ne pût se resoudre à la perte
D'vn Pilote si genereux.

LOVYS fut-ce pas ce bon Ange
Qui t'aſſiſta dans les combats
Où l'Eſpagne d'vn coup eſtrange
Veit tomber ſon orgueil à bas?
Ne t'inſpira-t'il pas dans l'ame
Le deſſein d'étouffer la flàme
De l'aueugle Rebellion?
Et fut-il pas dans ceſte attaque,
Ce que fut le Prince D'Itaque,
Au fameux ſiege D'Ilion?

Dans ces éuenemens illuſtres
Où l'on vid le ſceptre adoré
De ceux qui depuis tant de luſtres
Auoient ſon pouuoir ignoré,
Il ſe moqua de la tempeſte
Dont le Ciel menaçoit ſa teſte
Au milieu des peuples mutins,
Il ſurpaſſa noſtre eſperance
Et ſa longue perſeuerance
Malgré nous fiſt nos bons deſtins.

Quand

Quand la funeste messagere
Des plus tragiques accidens
Paroist dessus nostre hemisphere
Auec ses longs cheueux ardens,
Chacun la contemple & s'estonne
Qu'aux feux d'ont la nuit se couronne
Son éclat se monstre pareil,
Mais on voit mourir sa lumiere,
Peu de iours bornent sa carriere
Et son couchant est sans reueil.

Telle voit-on la destinée
Des Ministres ambitieux
Par qui la vertu condamnée
N'ozeroit parestre à leurs yeux,
Leurs paroles sont des oracles,
Tandis que par de faux miracles
Ils tiennent leur siecle enchanté,
Mais leur gloire tombe par terre,
Et comme elle a l'éclat du verre,
Elle en a la fragilité.

C

Rare exemple de l'innocence,
RICHELIEV ne crains point ce fort,
L'equité conduit ta puissance,
Tu n'es pas moins sage que fort,
Le Ciel fait ce que tu conseilles,
Tu ne crains ny trauaux ny veilles
Pour nostre ieune conquerant,
Et par vne amour sans exemple
Tu veux au milieu de son temple
Te consumer en l'esclairant.

C'est par tes conseils salutaires
Qu'il se fait obeyr par tout,
Par toy mal-gré les vens contraires
Son throsne demeure debout,
Sans toy la Fortune publique
Dans nostre trouble domestique
Eust esté le iouet des flots,
Alors qu'au mépris du Monarque
On vid contre leur propre barque
Se mutiner les Matelots.

En fin terminer nos miseres,
Nous faire gouster vne paix
Que n'auoient point gousté nos peres,
Combler chacun de ses bienfaits,
De monstres purger la Prouince,
S'oublier pour seruir le Prince,
Estre tousiours fidelle à Dieu,
Rendre le plaisir pour l'iniure,
Sont miracles que la nature
N'a veu faire qu'à RICHELIEV.

Poursuy grand Prince de l'Eglize,
Moque toy de tes enuieux,
Celuy que mon Roy fauorize,
Ne peut estre hay des Cieux,
Ne t'estonne pas qu'on murmure,
Et que de ta vertu si pure
On face mille faux crayons,
Le Soleil en sortant de l'onde,
Ne peut au gré de tout le monde
Dispenser l'or de ses rayons.

LOVYS c'est assez que tu sçaches
Que rien n'est si pur que sa foy,
Que ses vertus n'ont point de taches,
Et qu'il ne regarde que toy.
Ayme le doncques sans mesure,
Ton amour est la seule usure
Qu'il espere de ses trauaux,
Et la vengeance la plus grande
Qu'auec iustice il te demande
Des outrages de ses riuaux.

C'est trop ennuyer les oreilles
Du plus equitable des Rois,
Muses qui sçauez ses merueilles
Parlez-en tousiours dans vos bois,
Vous comblez les autres de gloire,
Vous eternizez leur memoire
Mais ceste loy change auiourd'huy,
Où ce Monarque incomparable
Donne un renom tousiours durable
Aux chansons qui parlent de luy.

GODEAV.

www.ingramcontent.com/pod-product-compliance
Lightning Source LLC
Chambersburg PA
CBHW061520040426
42450CB00008B/1716